DÉBUT D'UNE SÉRIE DE DOCUMENTS
EN COULEUR

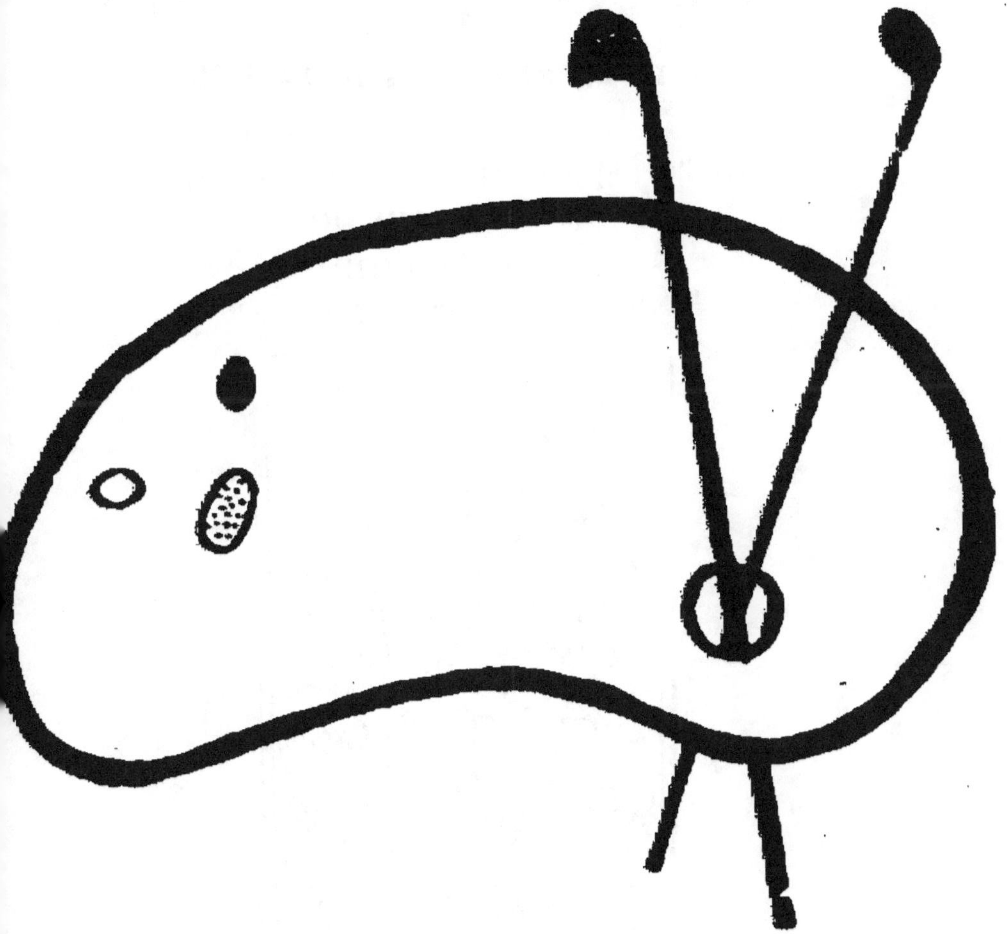

# RECHERCHES

## BIBLIOGRAPHIQUES ET HISTORIQUES

### SUR

# LES ALMANACHS

## DE LA CHAMPAGNE ET DE LA BRIE

### PRÉCÉDÉES D'UN

### ESSAI SUR L'HISTOIRE DE L'ALMANACH EN GÉNÉRAL

#### COMPOST, KALENDRIERS, ETC

### PAR AUGUSTE DENIS

Lauréat et membre de plusieurs Sociétés savantes

## A CHALONS-SUR-MARNE

### CHEZ L'AUTEUR, RUE SAINTE-CROIX, 14

### ET A PARIS

#### CHEZ HENRI MENU, LIBRAIRE, RUE JACOB, 30

### MDCCCLXXX

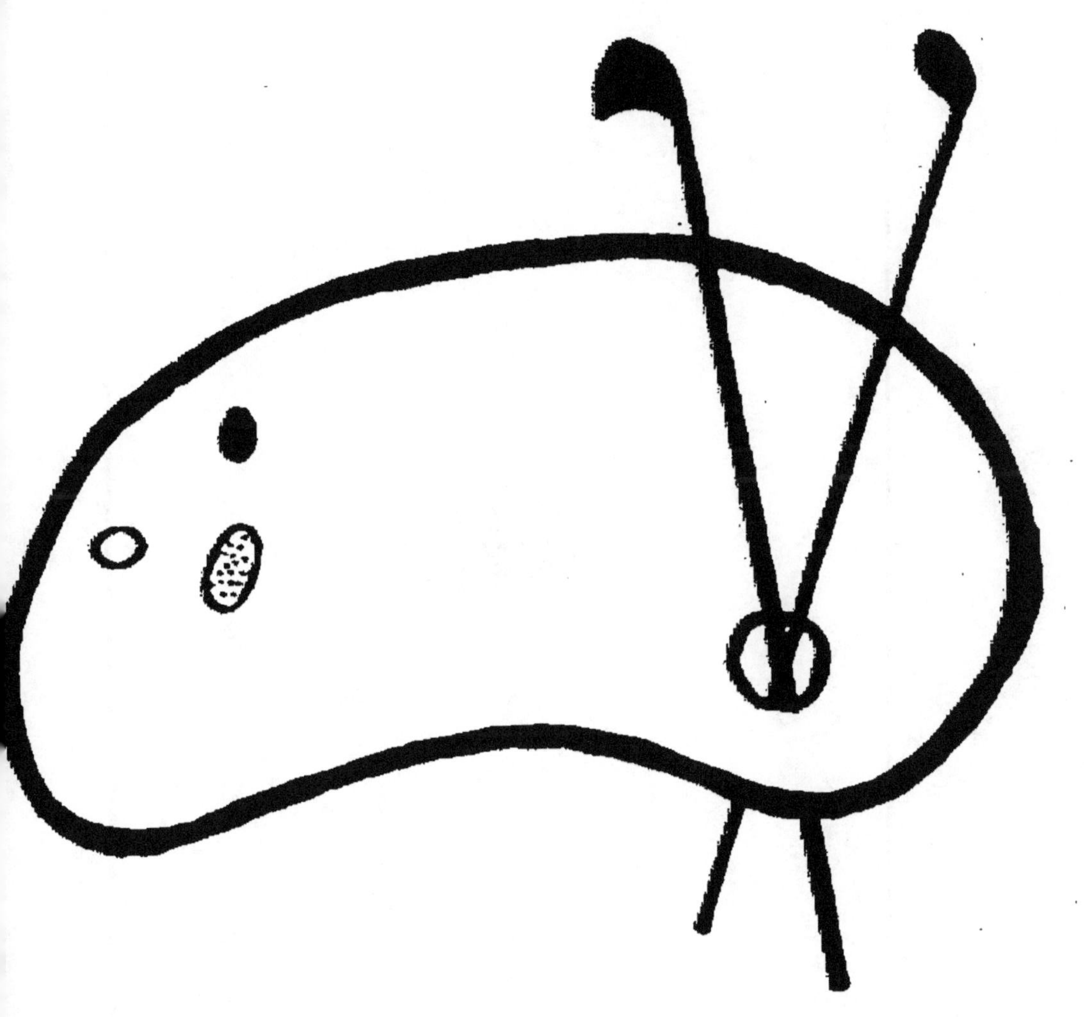

FIN D'UNE SÉRIE DE DOCUMENTS
EN COULEUR

# RECHERCHES

sur

# LES ALMANACHS

CE PRÉSENT LIVRE, IMPRIMÉ A CHALONS-SUR-MARNE,

PAR F. THOUILLE, AU MOIS D'OCTOBRE 1880,

A ÉTÉ TIRÉ A DEUX CENTS EXEMPLAIRES NUMÉROTÉS

ET PARAPHÉS PAR L'AUTEUR.

N°

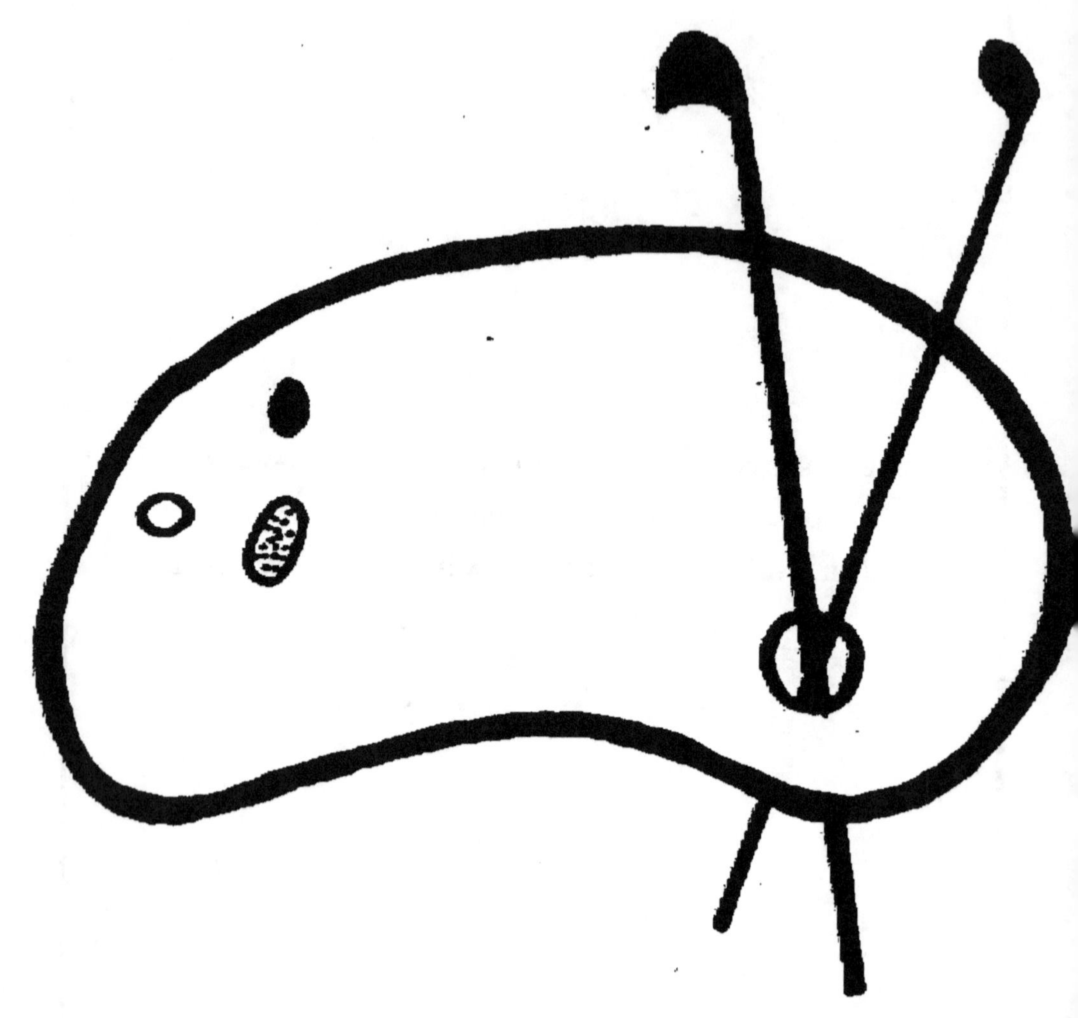

ORIGINAL EN COULEUR

NF Z 43-120-8

# RECHERCHES

## BIBLIOGRAPHIQUES ET HISTORIQUES

### SUR

# LES ALMANACHS

## DE LA CHAMPAGNE ET DE LA BRIE

### PRÉCÉDÉES D'UN

ESSAI SUR L'ORIGINE ET L'HISTOIRE EN GÉNÉRAL

### COMPOST, KALENDRIERS, ETC.

PAR ALEXANDRE ASSIER

Lauréat et membre de plusieurs Sociétés savantes.

A CHALONS-SUR-MARNE

CHEZ L'AUTEUR, RUE SAINTE-CROIX, 14

**ET A PARIS**

CHEZ HENRI MENU, LIBRAIRE, RUE JACOB, 30

## MDCCCLXXX.

# DÉDICACE

---

Je dédie ce petit livre à tous les bibliophiles qui ont un culte particulier pour les anciens almanachs; aux collectionneurs de vieux bibelots: aux amateurs dont les appartements sont de vrais musées de céramique; aux pontifes de l'âge de la pierre polie ou non polie, dans son antiquité, ses transformations et ses imitations; aux Christophe Colomb de l'archéologie, qui sont à la recherche de l'âge du bronze dans la Marne; aux adorateurs du mammouth et de l'ours des cavernes; à mes compatriotes qui ont eu la bonne fortune de trouver des guerriers inhumés sur leurs chars; à tous les fouilleurs, dont les découvertes ont fait la fortune des savants. Enfin, je place ce petit livre sous la protection de ceux qui réunissent dans leurs bibliothèques tous les documents concernant l'histoire de la Champagne et de la Brie.

A. D.

# AVERTISSEMENT.

La rage de la collection a gagné tous les rangs de
la société : des millionnaires se sont mis à ramasser
les écuelles dans lesquelles leurs ancêtres mangeaient
le brouet il y a deux cents ans ; le petit bourgeois a
imité le millionnaire, et ce goût de la collection a
produit petit à petit une heureuse révolution dans les
arts. Il y a une quinzaine d'années, nous nous mîmes
à collectionner les anciens almanachs, avec d'autant
plus d'ardeur qu'ils étaient alors pour ainsi dire
dédaignés lorsqu'une reliure de luxe n'appelait pas
l'attention du bibliophile délicat. Collectionnant de
préférence les productions de la Champagne, et n'ayant,
en ce genre de livres, aucun concurrent sérieux, nous
n'avons pas tardé à avoir sous la main une assez
grande quantité de ces petits almanachs, si rares
aujourd'hui, ce qui nous a permis de réunir quelques
notes intéressantes au point de vue historique et
bibliographique ; pour que ces notes ne soient pas

perdues pour la science, nous en avons fait un travail spécial que la Société d'Agriculture, Sciences et Arts de la Marne a récompensé en 1868 par une médaille d'argent. C'est ce même travail, un peu augmenté, que nous offrons aujourd'hui aux deux cents biblio-philes champenois qui voudront bien nous honorer de leur bienveillance.

Ceux qui chercheraient dans notre petit livre un ouvrage complet sur la matière seraient dans l'erreur, car une bibliographie générale sur les almanachs est pour ainsi dire impossible. Nous avons voulu faire ressortir dans nos recherches tout l'avantage qu'il y avait de réunir et de grouper tous les renseignements précieux, perdus pour ainsi dire dans ces petits livres éphémères, que la même année voit naître et mourir.

Dans notre essai sur l'histoire de l'almanach, nous avons pris nos documents dans les meilleurs auteurs, nous aurions pu doubler et même tripler cet essai sans pour cela en apprendre davantage au lecteur. Dans la seconde partie nous reconnaissons que plusieurs lacunes auraient pu être comblées. On a eu l'obligeance de nous communiquer divers documents sur la fondation de l'Annuaire de la Marne par M. Mathieu, professeur au collége de Châlons-sur-Marne. Il ressort de cette cor-respondance que l'enfantement fut assez difficile; il a fallu l'intervention de M. de Jessaint, préfet de la Marne, et l'appui de M. Vanzut, son secrétaire général, pour que cette publication puisse prendre toute l'extension dont elle était susceptible.

Il y a certaines publications qui ont eu une grande vogue et dont nous n'avons pas eu à nous occuper ; tel est l'almanach de Reims rédigé par M. Germinet ; les grands calendriers publiés dans différentes villes de Champagne à la fin du XVIIe siècle et pendant le XVIIIe ; enfin tous ces gros almanachs multicolores qui sont des imitations plus ou moins heureuses de l'almanach de Liège.

Nous serons très-reconnaissant aux personnes qui voudraient bien nous adresser des observations ou des rectifications sur notre modeste travail, et dont nous ferons usage si jamais nous donnons de nouvelles recherches sur le même sujet.

En terminant, nous faisons des vœux pour que ces notes, que nous publions sans prétentions, puissent donner l'idée de mieux faire à quelque bibliophile de la Champagne ou de la Brie.

# ORIGINES ET HISTOIRE

## DE

## L'ALMANACH.

L'histoire de l'almanach, disait un jour le spirituel Charles Nodier, serait une excellente introduction à l'histoire des classes nombreuses par les livres.

Le mot Almanach a été expliqué de différentes manières : les uns le font venir de l'arabe al-monach, mot qui signifie action de compter ; Verstégon le fait venir du saxon et écrit almon-ac : nos ancêtres, dit-il, traçaient le cours des lunes sur un bâton, morceau de bois carré qu'ils appelaient al-monagt, par contraction pour al-monn-held, qui signifie en vieil anglais, ou en vieux saxon, qui contient toutes les lunes.

Ce que nous nommons aujourd'hui almanach n'était originairement que de simples calendriers donnant les mois et les jours de l'année, et, depuis le v⁰ siècle, l'indication des fêtes de l'Eglise.

Depuis la propagation du christianisme, ces tableaux étaient devenus d'un usage général chez les peuples civilisés de l'Occident ; avant l'invention de l'imprimerie, on les copiait dans les livres d'église et on les

affichait ; on construisit aussi des horloges astronomiques ; on fit des calendriers perpétuels ; dans cer-
tains pays, on dressait des tablettes pascales qui
restèrent en usage jusqu'au XVIe siècle.

Il était donné à l'invention de l'imprimerie de faire
pousser des ailes à l'almanach pour le faire voler dans
toutes les parties du monde et le répandre à profusion
jusque dans les plus humbles cabanes, où il est souvent à lui seul toute la bibliothèque de l'homme des
champs.

Le plus ancien almanach connu est de l'année 1455,
il est écrit en allemand, c'est un petit livret de neuf
pages ; à la dernière ligne du sixième feuillet, on lit : Eyn
gut selig nuwe Yar. On trouve cette pièce reproduite
d'après l'exemplaire de Munich dans le premier cahier
d'Arétin. M. Dibdin parle du même exemplaire dans
son bibliographe, t. III, p. 282, mais il ne croit pas
exacte la date placée en tête de cet ancien calendrier ;
de son côté, M. Vetter croit que cette date est bien
celle de cet opuscule. (Voyez son ouvrage publié à
Munich en 1836).

D'autre part, M. Fischer, dans une brochure de huit
pages, imprimée à Mayence en 1804 et intitulée :
*Notice du premier monument typographique*, en
caractères mobiles, avec date connue jusqu'à ce jour,
ce calendrier est intitulé : *Coinctives et opposicœs solis
et lune*, etc., etc., in anno dñi MCCCCLVII. M. Fischer,
dans le livre que nous venons de citer, donne encore
la description d'un calendrier ou almanach pour
l'année MCCCCLX. Le *Cabinet du Prince de Darmstadt*,
dit Brunet, a jadis possédé six feuillets de ce livret,

devenu introuvable comme toutes les productions de ce genre parues pendant le xv<sup>e</sup> siècle. Nous nous contenterons de citer les suivantes :

Pronosticatio latina anno LXXXVIII, ad magnà conjunctione Saturni et Jovisq. fuit āno LXXXIIII, ac eclipsim solis anni sequentis, etc., etc. A la fin, on lit : Datum in vico umbroso subtus quercum carpentuli. Anno dñi M.CCCCLXXXVIII kalendas aprilis, per perigrinii Ruth. Ce livre est décrit dans les acdes althorp, II n° 1234, où l'on trouve le fac-simile de la figure du recto du ft. Fiij. (Monachus in alba cuculla et diabolus in scapulis ejus), et où on attribue à Meydenbach l'impression du volume.

La pronostication nouvelle pour l'an mil cccc quatre vingt et XII. A la fin : Cy finist la dicte révolution de ceste dicte année mil cccc quatre-vingt-douze (s. l. n. d.), marque de Jean Treperel sur le titre, in-4° gothique de huit feuillets.

La grāde pronosticatiō d's laboureurs durant à toujours, mais fait et cōposée par les anciens, par usage et savoir, s. l. n. d., in-4° de quatre feuillets, figures sur bois.

*La Pronostication des laboureurs* (suit une lune entre deux vignettes), et immédiatement le texte qui est en vers ; au bas du premier feuillet, on lit en caractères italiques : En rue Thomassin, chez James Munier, à la *Paix universelle.* Vue d'un cimetière sur le titre, Lyon, s. d., in-8° de quatre feuillets, lettres rondes.

Vers l'an 1500, l'ancien almanach ayant pour titre : *Cisio Janus,* fut réformé par Mélanchton ; quelques temps après, un allemand dont on ignore le nom, publia la grand'mère des almanachs qui fut peu goûtée. François Rabelais, l'illustre auteur du *Pantagruel*, a publié : *Almanach pour* 1533, calculé sur le méridien de la noble cité de Lyon, et sur le climat du royaume de France, et plus tard l'*Almanach éphémérides* pour l'an de N.-S. J. 1550 ; La Croix du Maine, et Duverdier indiquent pour 1548 un almanach du même auteur et imprimé à Lyon.

Richard Roussat, chanoine et docteur en médecine, né à Langres, a publié : *Livre de l'état de mutation des temps*, prouvant par authauritez de l'écriture, la fin du monde être prochaine. A Lyon, chez Guillaume Rouillé, à *l'Escu de Venise*, 1550, pet. in-8°. Ouvrage curieux et devenu rare. On lit à la page 162, le passage suivant où la Révolution française semble être annoncée d'une manière plus positive que dans le *Mirabilis liber*. Le voici : « Venons à parler de la grande et merveilleuse conjonction que MM. les astrologues disent être à venir, environ les ans de N.-S. mil sept cent et neuf avec dix révolutions de Saturne, et autre environ vingt-cinq ans après sera la question et dernière station de l'attitudinaire firmament. Toutes ces choses imaginées et calculées concluent les astrologues que le monde jusques à ce et tel temps dure, de très-grandes merveilleuses et espouvantables mutations et altérations seront en cestuy universelle monde, mesmement quand aux sectes et lois. » Les fameuses époques de 1789 et 1814 sont donc prédites trois siècles auparavant.

Nous voici arrivé par ordre chronologique au fameux

Michel Nostradamus, astrologue en titre des têtes couronnées, et médecin du roi de France Charles IX ; ses *Centuries* ou prophéties parurent pour la première fois en 1555, elles sortaient des presses de Macé-Bonhomme, imprimeur à Lyon. Cet ouvrage extravagant fit la fortune de son auteur, et quand le roi Henri II vint à être blessé mortellement dans un tournoi, on ne manqua pas d'appliquer à ce triste événement, le 33e quatrain de la première *Centurie* de Nostradamus qui est ainsi conçu :

« Le lion jeune le vieux surmontera
» En champ bellique par singulier duel
» Dans cage d'or les yeux lui crèvera
» Deux plaies une, puis mourir mort cruelle. »

Cette allusion, due probablement au hasard et vu la disposition de l'esprit du temps, augmenta de beaucoup la réputation du prophète, qui à cette époque s'était retiré à Salon, comblé d'honneur et de biens, et où il recevait les plus grands personnages de la cour. Nostradamus mourut dans cette résidence en 1566, âgé de 63 ans, laissant son fils cadet pour continuateur.

L'auteur des *Centuries* a encore publié : *La Grand Pronostication* avec partenteuse prédiction pour l'an 1557, composée par Maistre Michel Nostradamus, docteur en médecine de Salon, de Craux en Provence, contre ceux qui tant de fois l'ont fait mort, Paris, Jacques Kerver, 1557, petit in-4e de douze feuillets. Sur ce petit livre on lit une approbation qui permet à J. Kerver et à Jean Brotot, libraires à Lyon, de vendre et distribuer les almanachs, présages, etc., etc., de

Michel Nostradamus ; ces almanachs, dont il est ici question, ont été publiés de 1550 à 1557, chez Antoine Volant et Benoit Odot. Cette collection fut encore suivie de : *La Signification de l'Eclipse qui sera le 16 septembre 1559, laquelle fera sa maligne ostension jusqu'en l'an 1560, diligeamment observée par Michel Nostradamus*, Paris, Guillaume Le Noir, s. d., petit in-8°. Enfin la dernière production du célèbre astrologue semble être : *Almanach pour l'an Romain 1563*, avec les présages calculés et expliqués par Michel Nostradamus, docteur en médecine, astrophile du Salon de Craux en Provence, dédié au très-illustre seigneur et excellent Capitaine le S. Françoys-Fabrice de Serbelon, imprimé en Avignon, par Pierre Roux, in-16.

Le fils de Nostradamus publia en 1567 : *Prophéties ou révélations merveilleuses des quatre saisons de l'an, et apparitions des grands et horribles signes, comettes étoiles et tremblement de terre, qui pourront advenir depuis l'an présent, jusques en l'an de grande mortalité 1568, ou de bissex, par Michel Nostradamus. Josse, 1568, in-8°.*

La Motte Le Vayer nous apprend que cet auteur faisait des vers d'une assez bonne facture, mais que par suite ses prophéties lui coûtèrent la vie.

Ayant prédit que le Pouzin, petite ville du Vivarais, devant laquelle on avait mis le siège en 1629, périrait par le feu ; pour ne pas passer pour un faux prophète lors de la prise de cette place, on vit cet astrologue mettre le feu partout dans le tumulte du pillage, et que Saint-Luc, indigné, lui fit passer son cheval sur le ventre et le tua ; Nostradamus avait à cette époque 74 ans. L'abbé Leclerc a révoqué ce fait en doute, en raison du grand âge du prophète, mais sans s'appuyer sur aucune preuve.

Tabarin, de joyeuse mémoire et dont les farces ont tant fait rire nos aïeux, a publié : *L'Almanach prophétique de Tabarin pour l'année 1623*, avec des prédictions admirables pour chaque mois de la dite année, Paris, Réné Bretel, 1622, pet. in-8° de seize pages ; l'exemplaire vendu 55 francs à la vente Solar, contenait en plus l'almanach de François Guérin, autre farceur d'un autre genre ; l'année suivante, Tabarin publiait encore *Les Etrennes admirables*, présentées à MM. les Parisiens, Paris, Jouïllu, in-8°.

Nous ne mentionnerons que pour mémoire, l'almanach de Pierre de Larrivey (Champenois), qui se publiait encore, il y a quelques années, à Marseille, à Aix et à Avignon ; les comédies de Pierre de Larrivey ont été publiées à Troyes, en 1611.

La publication des almanachs aux XVI° et XVII° siècles était l'objet d'une faveur toute spéciale, et les peines les plus sévères étaient encourues contre les contrevenants ; l'édit de Charles IX, donné aux Etats d'Orléans en 1560, art. 26, porte : « Il est défendu à tout imprimeur ou libraire d'imprimer ou d'exposer en vente aucuns almanachs ou pronostications qu'auparavant ils n'ayent été visités par l'archevêque ou évêque, ou ceux qu'il commettra, et il est ordonné qu'il soit procédé par des juges extraordinaires et par punition corporelle contre celui qui aura fait ou exposé les dits almanachs. »

Le Roi Henri III, par édit de 1579, défendit à tous faiseurs d'almanachs d'avoir la témérité de faire des prédictions sur les affaires civiles ou de l'Etat, ou des particuliers, soit en termes exprès, soit en termes couverts; cette ordonnance fut confirmée par Louis XIII, le 20 janvier 1628.

Des Essarts nous raconte, dans son *Dictionnaire judiciaire*, qu'en 1648, Gandolphe (Jean), moine apostat de l'ordre des augustins déchaussés, publia en Savoie, un almanach dans lequel il annonçait pour cette année la sédition la plus violente ; ces prédictions tragiques, assuraient dans des termes assez grossièrement couverts, la mort de la duchesse Catherine, dont la régence expirait précisément en cette année de 1648.

Ce malheureux moine fut pris et mis en prison, avec deux de ses complices, Bernard Syllun et Jean-Antoine Joya ; le premier, ancien sénateur et l'autre ancien valet de chambre de la duchesse de Savoie, chassés tous deux pour leur mauvaise conduite.

Syllun mourut d'un accès de léthargie, quand il fut confronté avec Gandolphe, et Joya périt sur l'échafaud pour crime de lèse-majesté. Quant au principal auteur, le malheureux moine obtint pour toute grâce d'être exécuté dans l'intérieur de sa prison. Ce qu'on trouverait bien sévère aujourd'hui pour ce qu'on appelle des contes d'almanach.

Avant d'arriver à Mathieu Laensberg dont l'almanach s'est continué jusqu'aujourd'hui, nous croyons devoir donner les noms des auteurs des différents almanachs, calendriers, présages, compost ou pronostications qui parurent aux xvi° et xvii° siècles :

        Lichtemberger, 1526 ;
        Jean de Brie, 1542 ;
        Petri Pitati, 1542 ;
        Manould Engalfred, 1548 ;
        Antoine Mizaud, 1554 ;
        Edmond Lemaistre, 1578 ;
        Maginus (peut-être Nicolas Oudot, imprimeur
            à Troyes), 1621 ;
        Jean-Marie Caloui, de Romans en Dauphiné,
            1582 ;
        Toinot Arbaud, ou Jean Tabourot, 1588 ;
        Bartholemy van Schore, 1593 ;
        J. de Séville, dit le Sancy, 1598 ;
        François Guérin, 1608 ;
        Jean Guérin, 1613 ;
        Jean Petit, 1628 ;
        Francoys le Vauthier, 1649.

Et plusieurs autres dont les almanachs ne sont pas venus jusqu'à nous, tels que : Joseph le Juste, Maistre Etienne, Séraphino, Calbarti Guido, etc., etc.

En 1555, Corneille de Sept-Granges publiait à Lyon un petit almanach fort rare, sur le titre duquel on lit ce quatrain :

    « Qui veut savoir par cœur de mainte histoire
    » Le jour le mois et l'an sans varier
    » Il portera toujours s'il me veulx croire
    » Avecque lui ce petit Kalendrier. »

Mathieu Laensberg, chanoine de Saint-Barthélemy de Liége, vers l'an 1600, c'est, dit Michaux, une tradition passée dans la famille de l'imprimeur Bourguignon, héritier et descendant des anciens imprimeurs Streels, que ce chanoine est le véritable fondateur de l'almanach qui porte son nom.

On conserve à Liège un ancien portrait parfaitement dessiné qu'on croit être celui de l'inventeur du fameux almanach; il est représenté assis dans un fauteuil près d'une table, la main gauche appuyée sur une sphère, tenant de la main droite un télescope, ayant à ses pieds différents instruments de mathématiques, etc. Au bas du portrait on lit : D. V. T. Bartholomei, canonicus et philosophica professor. » Si l'on pouvait déchiffrer les initiales, on aurait le véritable nom de l'auteur de l'almanach, car le nom de Mathieu Laensberg, ne s'est point trouvé dans la liste des chanoines de cette époque.

Pour ceux qui collectionnent les almanachs du célèbre astrologue, voici le titre du premier de la collection : *Almanach pour l'an bissextile de Notre-Seigneur MDCXXXVI*, avec les guétides de Bruxelles et d'Anvers pour aller et venir, supputé par M. Mathieu Lansbert, mathématicien. A Liège, chez Léonard Streel, imprimeur en la rue dite : Le Souverain-Pont, à l'enseigne du *Paradis terrestre*, in-24, feuillets non chiffrés. Le frontispice est orné d'une figure en bois, représentant cet astronome, tenant de la main gauche une sphère et de l'autre un compas. On trouve dans cet almanach curieux, les douze signes célestes gouvernant le corps humain, on y voit quel est le temps favorable pour couper les cheveux, pour prendre médecine, etc., etc. Les médecins d'alors, jaloux de voir qu'un fabricant d'almanachs empiétait sur leurs prérogatives, firent par la suite ôter ce morceau curieux de l'almanach, dont on retrouve encore quelques traces dans l'*Almanach des Bergers*.

Le succès de cet almanach fut tel que son auteur ne tarda guère à avoir des imitateurs, et il en parut bientôt un sous ce titre : *Almanach pour l'an bissextile MDCXL*, sur l'horizon de notre Pays-Bas, avec les guétides de Bruxelles et d'Anvers pour aller et venir, par M. Nicolas Bruiant, mathématicien, à Liège, chez Jean Tournay, in-16 non paginé ; il fut continué avec des améliorations, sous cet autre titre : *Almanach pour l'an de Notre-Seigneur MDCXLII*, à l'usage de la court (*sic*) spirituelle du seigneur official de Liège. Il paraît que la concurrence n'était pas facile à soutenir avec le célèbre Mathieu Laensberg, car cet almanach cessa bientôt de paraître.

# ALMANACHS CHAMPENOIS.

Celui qui serait assez heureux pour réunir tous les almanachs publiés en Champagne depuis trois cents ans, aurait sous la main les matériaux nécessaires pour écrire une histoire populaire de la Champagne, appelée à un grand succès si elle était publiée par une plume autorisée.

La ville de Troyes fut le berceau de l'almanach en Champagne, et l'on recherche avidement les éditions gothiques sorties des presses troyennes, surtout quand il s'y trouve des figures sur bois. Avant d'aborder la nomenclature des productions périodiques du seizième siècle, publiées à Troyes, il est peut-être bon de faire connaissance avec les artistes qui les ont produites, car ils étaient en même temps imprimeurs et graveurs, ce qui présente un double intérêt au point de vue local ; nous voulons parler des Le Rouge et des Le Bé, deux noms qui ont fait souche en Champagne.

Pierre Le Rouge, premier du nom et dont la marque est reproduite sur le titre de cet ouvrage, importa le premier l'imprimerie en Champagne, dans la petite ville de Chablis, en 1478. Passavant, dans son *Peintre graveur*, dit que Pierre Le Rouge paraît avoir été dessinateur et graveur : les expositions des évangiles qu'il imprima à Chablis et *La Mer des Hystoires* qu'il publia plus tard à Paris, en sont une preuve suffisante. Bonnardot, dans son histoire de *la Gravure*, rapporte : « Il y a une famille, dit Bonnardot, dont tous les membres furent libraires, imprimeurs, fondeurs de caractères, et peut-être graveurs sur bois ; le plus ancien serait J. Le Bé père, qui gravait sur bois des sujets pieux. »

Vers 1530, Brulliot, *Dict. des Monogrammes*, cite le portail de la cathédrale de Toul, gravé par J. Le Bé ; il avait son fils qui gravait vers 1540. Papillon (gravure sur bois), tome II, cite ce Guillaume Le Bé, imprimeur et célèbre graveur de caractères, né à Troyes en 1525, mort à Paris en 1593, lequel avait un fils du même prénom, qui gravait sur bois des sujets pieux, en 1620 (ailleurs il dit 1634), Zani écrit 1630. Papillon ajoute que Guillaume, avant d'être libraire, gravait sur bois avec André Le Bé ; Bonnardot admet Guillaume Le Bé comme graveur sur bois, vers 1630. Cette famille Le Bé était issue d'anciens papetiers établis à Troyes, au commencement du xvie siècle, peut-être avant, dans un quartier qui porte encore leur nom. Du reste, un Guillaume Le Bé était très-connu à Paris, comme fondeur de caractères au seizième siècle, pour la célèbre imprimerie de Robert Etienne ; c'est le même qui grava à Venise des assortiments de caractères hébraïques pour l'imprimerie de Marc-Antoine Justiniani.

Voyez sur les Le Bé, Papillon, t. 1er, p. 198 et 251, Heller, *Bois*, p. 265, Brulliot, II, N° 1,334.

Parmi les imprimeurs-graveurs, on peut ajouter Jean Du Ruau, déjà établi à Troyes en 1577 ; on trouve des vignettes sur bois avec ses initiales I. D. R.

Avant d'arriver à la nomenclature des almanachs imprimés à Troyes, nous avons voulu prouver d'une manière évidente, en citant nos auteurs, que la plupart des imprimeurs du xvi<sup>e</sup> siècle étaient dessinateurs et graveurs, et le fameux Jean Jeannon, à Sedan, n'en est-il pas une preuve palpable, quoiqu'il soit venu un peu plus tard, puisqu'il a publié les types des caractères qu'il a gravés, et dont la plupart étaient des chefs-d'œuvre.

Le premier de ces monuments curieux qui soit arrivé jusqu'à nous, est un petit in-folio fort mince, imprimé sur papier commun avec figures sur bois, très-grossières ; il est intitulé : *Le grand Kalendrier et compost des bergiers avec leu astrologie et autres choses proufitables*, Troyes, Nicolas Le Rouge (1510) MDX, gothique, vente Gaignat, 7 fr. 95 ; l'édition publiée par le même libraire, en 1529, a été vendue 36 francs, vente Huzard.

En 1541, le compost s'est considérablement modifié ; il est devenu une véritable encyclopédie populaire ; on peut se rendre un compte exact des préjugés de l'époque, en le parcourant d'un bout à l'autre ; du reste la science astrologique était dans toute sa fleur, il est juste et naturel d'y retrouver les erreurs du temps. Il est intitulé : *Le grand Kalendrier ou compost des bergiers*, avec leur astrologie et plusieurs autres sciences salutaires tant pour les âmes que pour la santé du corps, Troyes, Jehan Le Coq, MDXLI, in-fol.

goth., avec titre rouge et noir, figures sur bois (B. B. de Troyes).

N'ayant pas l'intention de donner dans cet ouvrage la description de tous les almanachs publiés à Troyes aux xvi⁰ et xviii⁰ siècles, nous nous sommes borné, dans nos recherches, aux éditions rares et curieuses, estimées des bibliophiles.

Pour trouver quelque chose d'intéressant dans la matière qui nous occupe, il faut arriver à Nicolas Oudot ; nous empruntons à son biographe, dans l'*Almanach des almanachs,* publié au xviii⁰ siècle, la manière dont celui-ci s'y prenait pour confectionner son almanach. Rien de plus comique, dit l'auteur, que l'observatoire de ce facétieux astrologue, et les principes sur lesquels il fondait ses oracles. Assis à l'ombre près d'une bouteille de vin, animé par la soif ardente qui le dévorait sans cesse, et inspiré par le jus de la treille, il ne consultait d'autres tables astronomiques que son flacon ; était-il plein, la joie se peignait sur sa face rubiconde, et lui faisait dicter à l'ouvrier chargé de l'impression, des jours brillants, des événements heureux ; versait-il un verre de vin, on était sûr d'avoir une douce pluie, la bouteille commençait-elle à se vider, que ce n'était plus qu'orages funestes, des révolutions sinistres ; tout était-il bu, sécheresse, famine, désolation. Ce n'est pas ici, achève l'auteur, un conte fait à plaisir, plusieurs personnes intimes ont été souvent les témoins de cet amusant spectacle.

Le xvii⁰ et le xviii⁰ siècle virent paraître le fameux almanach : *Dieu soit béni,* qui eut une très-grande vogue. Celui de 1714 a été publié par Blessebais, nous en avons vu jadis une très-belle collection chez le regretté Alexis Socard à Troyes. Le prix élevé qu'il en demandait nous a seul empêché de l'acquérir.

Pierre-Jean Grosley, avocat à Troyes, et critique distingué, a publié une série de douze almanachs, sous le titre de : *Ephémérides troyennes* (1757-1768). A la suite du calendrier, on trouve différentes pièces ou dissertations relatives à l'histoire de Troyes, à dater de leur origine jusqu'en 1764 (1763 excepté). Ces éphémérides furent supprimées par sentence du présidial de Troyes comme contenant des calomnies, des faussetés et des indécences ; Montrocher, ingénieur à Troyes, en publia deux critiques, en 1761, la première sous le titre de *La Ramponide*, critique des éphémérides troyennes, un volume in-12, et la seconde sous le titre de : *Lettre de M. Haye, maître savetier à Troyes, à l'auteur des Ephémérides troyennes*, un volume in-12. Ces quatorze volumes réunis sont très-recherchés et se vendent assez cher quand ils sont en bonne condition. Du reste, les *Ephémérides* avaient déjà donné lieu à des plaintes, puisqu'en 1757 Grosley publiait : *Lettre à Monseigneur ***, au sujet des observations sur l'almanach de Troyes, in-24 de cinq pages.

MM. Courtalon-Delaistre et Simon, continuèrent l'œuvre de Grosley, sous le titre de : *Almanach ou Ephémérides troyennes* (1776-1790), Troyes, veuve Gobelet, 15 volumes in-12, 2ᵉ partie aussi intéressante et aussi recherchée que la première.

Aussitôt la Révolution, on semble avoir pris pour l'almanach, à Troyes, un titre général qui ne se rapporte pas à la ville de Troyes ni au département de l'Aube ; il faut arriver à l'an VIII pour trouver *Almanach du département de l'Aube séant à Troyes*, Troyes, A.-F.-F. André, in-24 ; puis vint l'*Almanach historique, topographique et politique du département de l'Aube et de la ville de Troyes, pour l'an IX*, Troyes, Sainton, in-24. Publication très-utile pour la nouvelle division de la France, et la nouvelle organisation administrative et judiciaire du département.

En 1818 parut l'*Almanach des Notaires* de l'arrondissement de Troyes, chef-lieu du département de l'Aube, rédigé par les soins de la chambre. Troyes, Gobelet, 1 vol. in-12. Quatre années étaient parues en 1840. C'est un recueil très-intéressant pour la succession des titulaires de chaque étude, et pour connaître les minutes qui ont été réunies en d'autres études.

M<sup>me</sup> Bouquot édita en 1821 l'Almanach du commerce, des administrations, des notaires, avoués, et autres fonctionnaires, pour le département de l'Aube, 1 vol. in-12, ainsi que l'Annuaire du département de l'Aube, avec la topographie des communes, 1824, in-8.

Dès la nouvelle division de la France, chaque département sentit la nécessité d'avoir un almanach ou annuaire qui lui soit particulier ; le département de la Marne en avait été doté en 1800, par M. de Jessaint, préfet de la Marne. Le département de l'Aube ne jouit de cette prérogative qu'en 1826 ; voici son titre : *Annuaire administratif, statistique et commercial du département de l'Aube*, publié sous les auspices et la direction de la société académique du département. De 1826 à 1829, son format était in-24 et ne contenait lors que la nomenclature administrative. De 1830 à 1833, il prit le format in-18 et conserva le format in-12 jusqu'en 1853 ; l'année suivante, il prit le format in-8° qu'il conserve encore actuellement ; il est divisé en deux parties : la première est administrative ; la deuxième est historique ; elle est consacrée aux notices archéologiques et biographiques, etc., etc., dues aux plumes les plus autorisées de la société académique de l'Aube ; cette collection curieuse, enrichie de gravures, est très-précieuse pour l'histoire de la Champagne et du département de l'Aube.

Nous mentionnerons pour mémoire l'Annuaire du clergé pour le diocèse de Troyes, 1841, in-12; il ne s'est pas continué ; l'Almanach de Troyes, spécial aux départements de l'Aube, de la Côte-d'Or, de la Haute-Marne, de la Marne, de Seine-et-Marne et de l'Yonne, in-18 orné de gravures ; cinq années seulement ont paru de 1847 à 1853 ; almanach intéressant publié par M. Amédée Aufauvre, mais qui n'a pas eu de suite. En 1848, on vit éclore à Troyes, un almanach démocratique, qui ne contient rien de démocratique ; c'est une espèce de bavard avec la livrée républicaine. A Montmirail, Brodart publia *Le Parfait Troyen*, almanach journalier pour 1848, par Ludovicus Galigola, in-32. Un champenois facétieux qui a latinisé son nom, c'est la seule remarque à faire sur ce petit livre sans intérêt. Nous mentionnons pour mémoire le *Grand Almanach populaire de l'Aube*, 1851 à 1855, in-16. C'est une collection publiée par Pillet fils, de Paris, qui a servi pour toute la France, avec une feuille préliminaire et particulière pour chaque département.

En 1852, M. D.-D. Fargasse, ancien préfet, publiait chez Vigreux-Jamais, à Troyes, l'*Almanach démocratique de l'Aube*, in-18 (publication orléaniste) ; l'année suivante parut l'*Almanach de la Champagne et de la Brie*, publication qui a aujourd'hui vingt-sept ans d'existence ; insignifiant dans ses débuts, cet almanach est devenu de plus en plus intéressant, quelques amateurs lui font les honneurs de la collection.

En 1856, Adolphe Guérard, dont nous aurons occasion de reparler dans le cours de ce travail, publiait : l'*Almanach historique, géographique, topographique et statistique de l'Aube*, Paris, librairie populaire des villes et des campagnes, in-16. A l'instar de Pillet fils, Guérard avait adapté à son almanach un cadre particulier pour chaque département ; nous ne croyons pas que cette tentative eût tout le succès que son auteur en attendait. Précédemment, M. Caffé s'était fait l'éditeur de l'*Almanach annuaire* du commerce de Troyes (1854-1855) et du département de l'Aube, indicateur de 10,000 adresses de Troyes et de sa banlieue, seule année parue. La même année, M<sup>me</sup> Jardeau-Nay fit paraître l'*Almanach annuaire* de l'arrondissement de Bar-sur-Aube, in-16, première année, qui n'a pas eu de suite.

Nous ne suivrons pas dans leurs vicissitudes, les mille publications indigènes et éphémères, écloses et disparues depuis une quinzaine d'années, dans lesquelles on retrouve, à quelques années d'intervalle, les mêmes calembourgs, ou soi-disant bons mots, historiettes, etc., etc, et en tout, fort peu dignes du peuple auquel ils sont destinés.

N'étudiant l'almanach qu'au point de vue historique, nous avons dû passer sous silence une foule de productions qui n'ont rien d'intéressant pour le bibliophile ou le collectionneur. Du reste, si ce modeste travail est accueilli favorablement du public restreint auquel il est destiné, nous espérons lui donner une contre-partie qui ne sera pas, nous l'espérons, moins intéressante que celle-ci.

Nous en profiterons pour donner une notice très-détaillée sur M<sup>lle</sup> Armande Desjardins, astrologue, qui publiait ses almanachs à Troyes, chez Nicolas Oudot, en 1673; elle s'intitulait baronne de Neufchâteau.

# MARNE.

----

Quoique Arm. Bocquillon ait imprimé à Châlons-sur-Marne, un diurnal en 1493, c'est-à-dire cinquante-huit ans avant que Nicolas Bacquenois n'installât les premières presses à Reims, nous commencerons par cette dernière ville pour la description des almanachs de notre département afin de suivre l'ordre chronologique.

Le premier almanach historique publié à Reims en 1752, s'est continué et forme 34 années ; série que l'on recherche beaucoup par l'intérêt qu'elle présente, grâce aux nombreux documents qui y ont été publiés, et aussi par la valeur des écrivains qui y ont collaboré. Voici son titre : *Almanach historique, civil, ecclésiastique, de la ville et du diocèse de Reims*, in-24. La première année parut, en 1752, sous ce titre : *Almanach de Reims*.

Sa rédaction est due à Dom Reiglet, religieux bénédictin ; il ne contient que quelques remarques historiques.

Celui de 1753, qui porte le titre sus indiqué, a été rédigé par D. Reiglet et par Bidet père ; il donne des détails curieux sur les établissements religieux de la ville ; l'abbé Anquetil, l'auteur de l'histoire de Reims, donna celui de 1754 ; on y trouve une foule d'anecdotes et des remarques sur l'histoire de Reims et ses monuments. Félix de la Salle, frère de Jean-Baptiste, le fondateur des écoles chrétiennes, rédigea celui de 1755 ; on y trouve des remarques historiques et critiques pour servir à l'histoire de l'église de Reims depuis saint Sixte jusqu'à Vuilfard. Dans ce curieux almanach, l'auteur promet la suite pour 1756, mais au lieu de cela, il donne une liste des lieutenants des habitants, ce qui n'est pas moins intéressant.

Celui de 1757 fut publié par M. Destables : on y trouve un essai sur l'histoire naturelle de la Champagne. Le libraire Delestre édita l'*Almanach historique de Reims* pour 1758, dans lequel on trouve un abrégé chronologique des sacres, et une description sommaire du sacre de Louis XV et des cérémonies qui ont eu lieu à ce sujet.

M. Lacatte-Joltrois nous apprend que pour des raisons particulières, l'*Almanach historique de Reims* a été neuf années sans paraître.

En 1769, des rivalités jalouses ayant sans doute disparu, l'almanach fut réédité sous son ancien titre et dans le même format, on y lit avec intérêt la description des fêtes qui ont eu lieu pour l'inauguration de la statue de Louis XV, on y trouve également des remarques historiques et chronologiques.

L'année 1770 nous donne des observations pour servir à l'histoire de l'église de Reims, un mémoire curieux sur la vie de Cauchon de Maupas, des vers très-bien faits de M. l'abbé de Saulx, adressés à un enfant de chœur de la cathédrale, nommé Nicolas

Diot, celui-là même qui devait être, vingt ans plus tard, l'évêque constitutionnel du département de la Marne. L'almanach de 1771 contient une description ou précis historique de l'église de Saint-Remy de Reims ; un mémoire sur Robert Nanteuil, célèbre graveur rémois ; l'année suivante, l'éditeur publie un précis historique sur l'église Saint-Nicaise et une notice curieuse sur l'existence vraie ou supposée de Hildehalde, archevêque de Reims, inconnu aux historiens de cette ville. L'histoire de l'église Saint-Symphorien de Reims, se trouve dans l'année 1774, et l'année 1775 donne une histoire abrégée de la vie de saint Timothée, avec une suite chronologique des lieutenants des habitants ; l'année suivante, le même rédacteur donne le détail des libéralités et des bienfaits du roi Louis XVI, lors de son sacre, et une liste des riches présents faits à l'église de Reims par différents rois de France, lors de leur sacre, il donne aussi la suite des lieutenants des habitants.

L'almanach de 1777 porte pour titre : *Almanach historique de la ville de Reims*, corrigé et augmenté, dédié à Messieurs les lieutenants, gens du Conseil et échevins de la ville de Reims; Reims, Jeunehomme, in-24. On y lit un examen critique et bien fait d'un ouvrage intitulé : *Recherches historiques sur la ville de Reims, avec le plan assujetti à ses nouveaux établissements, accroissements et projets, dédiées et présentées au roi*, Paris, Mérigot, 1775, in-4°; le critique semble pressentir que l'ingénieur Moithey n'a pas rédigé seul son ouvrage, et en effet, d'après Quérard, le fameux Sylvain Maréchal y aurait collaboré dans certaines parties. La liste chronologique des lieutenants des habitants se continue dans les années 1778 et 1779. En 1780, nous trouvons un tableau historique de Reims, très-intéressant et très-bien fait, une liste des archevêques de cette métropole, et les noms des capitaines qui ont commandé pour le roi dans la ville de Reims. Cette année est très-recherchée pour les renseignements qui paraissent ici pour la première fois. L'année suivante donne un tableau historique de la ville de Châlons-sur-Marne, où l'on dit que Buirette a puisé pour ses annales.

En 1782 se trouve la description de Sainte-Ménehould, Vassy, Vitry, Saint-Dizier, Joinville et Vertus.

Deux notices biographiques, la première sur Henri Coquebert, lieutenant des habitants de la ville de Reims ; la seconde sur Gilles Gobelin, célèbre teinturier rémois qui donna son nom à la manufacture de Paris, nom qu'elle a conservé de nos jours, puis un abrégé de l'histoire de Troyes. Enfin, en 1783, des notices sur les hommes illustres nés à Reims.

Depuis 1768 jusqu'à cette époque, ce précieux almanach fut en partie rédigé par l'abbé Hillet, chanoine de la collégiale de Saint-Symphorien de Reims, homme d'esprit, de savoir et de goût. Après cette époque, l'almanach parut sous le titre de : *Almanach historique, civil, ecclésiastique et topographique de la ville de Reims*. Mais l'éditeur, Jeunehomme, s'étant brouillé avec l'abbé Hillet, ce dernier ne voulut plus lui prêter son concours, ce qui rendit, par la suite, cette publication moins intéressante. Cependant, l'année 1785 est encore remplie de faits curieux et peu connus : *Notice* sur la prévôté de la Bazoche de Pleurs ; des détails historiques sur Ay, Charleville, Château-Porcien, Cormicy, Dun, Epernay, Fismes, etc., etc ; les événements remarquables de l'année 1784 et la relation de la mort de Duchatel. Cet almanach cessa de paraître en 1792.

Le Bastard, éditeur rémois, publiait en 1793 : *L'Almanach patriotique de Reims* pour la troisième année républicaine, 22 septembre 1794 au 22 du même mois 1795. On y trouve les noms nouveaux de beaucoup de rues de Reims, débaptisées par la Révolution.

Nous citerons pour mémoire : l'*Almanach historique* et topographique de la ville et arrondissement de Reims, par M. Ponsardin-Simon, Reims, Pierrard, 1814, in-32. L'auteur avait des connaissances très-étendues et aurait pu donner une suite à ce qu'il avait si bien commencé ; mais il ne parut que cette année ; peut-être les événements qui eurent lieu à cette époque, empêchèrent-ils l'auteur de donner suite à son projet ?

Nous avons tenu à nous appesantir sur l'almanach historique de Reims pour en faire connaître l'importance ; cette collection précieuse devient de plus en plus rare, chaque bibliothèque publique de la Champagne devrait la posséder dans son sein. Mais ce qui manque à plusieurs bibliothèques, c'est le catalogue imprimé de leurs richesses scientifiques et littéraires, mis au service du public, car une bibliothèque sans catalogue est un corps sans âme, et pour le conservateur, presque une sinécure.

Il est regrettable que Châlons n'ait pas suivi l'exemple de Reims, en publiant un almanach historique. Cependant M. l'abbé Suicer, curé de Fagnières, s'était mis résolument à la besogne, et en 1757, il publiait : *Tablettes topographiques,* historiques et physiques de la ville et du diocèse de Châlons-sur-Marne, Châlons, chez la veuve Bouchard, in-24 ; le plan de ces tablettes est nettement tracé dans l'avertissement ; il a été ponctuellement suivi, et nous ne pouvons mieux faire que de le reproduire ici pour en faire sentir toute l'importance historique ; malheureusement, cette publication n'a eu que deux années d'existence.

Nous donnerons chaque année, dit l'auteur, une dissertation historique en forme de préface, sur quelque point curieux, utile et intéressant ; ensuite le calendrier des fêtes du diocèse ; sur la contre-feuille de chaque mois, nous placerons une notice abrégée des fêtes qui se célébraient autrefois chez les Romains ; les années suivantes présenteront l'institution des fêtes chrétiennes, l'origine des cérémonies ecclésiastiques et civiles, etc., cotées aux jours où elles arrivent ; le corps de notre ouvrage sera divisé en six articles : le premier donnera l'état ecclésiastique, la succession des évêques, un abrégé de leur vie, la suite chronologique des abbés, abbesses, doyens, prieurs, etc., etc. Dans le second article, il sera parlé de l'état militaire, gouvernements, lieutenances générales, états-majors des villes, maréchaussées, milices, arquebuses, compagnies bourgeoises, etc., etc. L'état civil composera le troisième article. Le quatrième article, que nous destinons à l'état littéraire, exposera l'origine et les accrois sements de la Société des sciences et belles-lettres nouvellement établie à Châlons, les noms des membres qui la composent, une liste de leurs ouvrages, le précis des séances publiques, les noms et les ouvrages des gens de lettres, les savants et les artistes qui vivent actuellement dans la province, une notice des hommes illustres en tous genres qui y ont pris naissance. Le cinquième article présentera la récapitulation des événements arrivés pendant l'année. Enfin, dans un sixième article et dernier, seront mentionnés les mariages et la mort des personnages constitués en dignité, avec une courte notice sur leurs familles. »

Comme on le voit, le plan des tablettes était bien conçu ; malheureusement, des jalousies surviennent, les gros bonnets de l'époque sont unis contre l'auteur qui, ne pouvant plaire à tout le monde, se contente de leur riposter par ces vers :

« Est-ce une raison décisive,
» D'ôter un bon mets d'un repas
» Parce qu'il s'y trouve un convive
» Qui, par malheur, ne l'aime pas ?
» Il faut que tout le monde vive
» Et que les mets pour plaire à tous
» Soient différents comme les goûts. »

« Mais, continue l'abbé Suicer, lorsque nous entreprîmes l'ouvrage dont nous donnons la continuation, l'utilité publique était le but que nous nous proposions, et la vérité, l'unique objet de nos recherches.

» Malgré l'attention la plus scrupuleuse à ne consulter que de bons mémoires, nous convenons sans peine que nous avons pu nous tromper en nous fiant trop à ceux qui n'étaient point ce qu'ils semblaient être, c'est-à-dire, fidèles, exacts et irrépréhensibles, aussi devait-on nous détromper, nous éclairer, nous redresser, nous aider à mieux faire, avec les égards que nous étions en droit d'attendre de concitoyens et de compatriotes dont on vante l'équité, les lumières, et surtout l'urbanité, pouvions-nous attendre de leur part des procédés indignes de gens d'honneur et de gens de lettres. Si l'on s'était contenté d'user envers nous de la rigueur d'une critique légitime, nous aurions mauvaise grâce de nous plaindre ; mais, accablés sous le poids des invectives les plus indécentes et les plus dures, qu'il nous soit permis d'apprendre à la postérité, que notre zèle et nos soins ne nous ont attiré que des injures, des insultes et des amertumes de l'espèce la plus révoltante. »

Qu'on s'étonne après cela que cette publication soit morte après deux années d'existence; hélas ! rien n'est changé en ce monde depuis Juvénal; ce sont toujours les eunuques littéraires qui crient haro sur ceux qui sont sur la brèche ; ceci s'est renouvelé de nos jours, en Champagne, à propos d'une publication analogue, et ceux qui n'ont jamais rien produit, ont par leurs tracasseries et leur influence donné un pendant à ce pauvre abbé Suicer.

# ANNUAIRE OU ALMANACH

## DU DÉPARTEMENT DE LA MARNE.

———————×———————

Le premier parut en l'an IX, format in-24, qu'il conserva jusqu'en l'an XIII inclusivement ; à partir de cette époque, 1806, il prit le format in-12 qu'il a toujours conservé depuis. L'annuaire 1814-15 est double : l'un a été publié par l'Empire et l'autre par la Restauration, le premier est plus rare que le dernier, qui a été envoyé à toutes les municipalités du département. Pour les années 1848-1849 il n'a été publié qu'un annuaire.

Il est à remarquer que l'annuaire de l'an IX, premier de la collection, a eu deux éditions ; on recherche la première parce que la critique relative à la construction du pont de Marne a été supprimée dans la seconde. On trouve dans ces annuaires de petit format, devenus très-rares, des notices biographiques sur les hommes marquants nés dans le département de la Marne.

1806, premier de la collection in-12, contient une pièce de vers qu'on attribue à M. Vanzut, secrétaire général de la préfecture, et intitulée : *Adieux aux mois du calendrier républicain*, elle se termine ainsi :

« Adieu donc beau calendrier
» Qui parliez avec tant de grâce,
» Et pensait nous faire oublier
» De nos pères l'antique race.
» Au grégorien cédez la place.
» Vos partisans ont beau crier,
» Il faut que justice se fasse. »

1807. Bulletin de la grande armée et des vers en l'honneur de la saint Napoléon, auteurs MM. Dupont et Corda.

1808. Une étude sur Reims qui se continue en 1809.

1810. Imitation d'un poëme latin composé par M. Lemaire, de Triaucourt, lu à la réunion fraternelle d'anciens barbistes (1).

1811. Passage à Châlons de S. M. l'Impératrice Marie-Louise (relations complètes), avec toutes les pièces de poésie composées pour la circonstance, jusqu'à la chanson du *Pèr' Bastien*, imitée de Vadé.

Service funèbre fait à la cathédrale de Châlons à la dépouille mortelle du duc de Montebello et du général Saint-Hilaire, dont les cercueils restèrent pendant cinq jours exposés sous un catafalque. Plus loin, se trouve une notice sur Linguet, avocat né à Reims, par Géruzez; une autre notice sur cet écrivain distingué avait déjà paru dans l'annuaire de l'an XII. Enfin les Essais historiques sur Châlons par M. l'abbé Dupuis, continués dans les annuaires jusqu'en 1816 inclus. Mais dans cette dernière année, l'auteur ayant parlé

_______________

(1) Ce M. Lemaire est celui-là même qui a publié la collection des classiques latins qui porte son nom, et si estimée des savants.

par trop irrévérencieusement de la relique du Saint-Nombril de Notre-Dame de Châlons, détruite par Mgr de Noailles, évêque dudit lieu, on signifia à l'abbé Dupuis de suspendre sa publication. Les manuscrits de M. l'abbé Dupuis sont passés chez M. Garinet.

1812. Séance de la Société d'agriculture, sciences et arts de la Marne.—Un chant religieux exécuté en 1811 à la séance publique de la Société en l'honneur du roi de Rome ; suit, la chanson du *Pèr' Bastien* sur le même événement, et d'autres poésies par Fiévet, d'Epernay. — Une notice sur M. Degéry, né à Reims, ancien abbé de Sainte-Geneviève, par Géruzez.

1813. Cette année contient diverses dissertations de plusieurs membres de la Société d'agriculture de Châlons, entre autres un mémoire du docteur Moignon, sur la teinture obtenue au moyen de l'indigo tiré du pastel. — La statistique du canton de Suippes, par M. Hubert, médecin à Somme-Suippe.

1814-1815. La continuation des essais historiques sur Châlons-sur-Marne, par l'abbé Dupuis.

1816. Un tableau des distances des communes du département de la Marne au chef-lieu de canton, au chef-lieu d'arrondissement, et au chef-lieu du département, avec précis des événements qui eurent lieu du 13 juillet 1815 au 12 septembre de la même année. — Eloge du vin de Bourgogne, traduction libre de l'ode latine de M. Grenan, par Corda. — Apologie du vin de Champagne, traduction de l'ode latine de Coffin, par le même.

1817. Dissertation par M. Géruzez sur une inscription

trouvée à l'abbaye de Saint-Remy de Reims, le 1<sup>er</sup> avril 1713 sur une pierre plate, et relatée par le P. Egée, dans son histoire manuscrite de l'abbaye de Saint-Remy. Voici l'inscription :

HUIC CLAUSTRO POLLENT STUDIO LOCA COMPOTIS OPTA
SICFARII FULTI SOLANINE, PRÆPOSITURAM
CONDECORANS INGÉNI, PRIMA QUA CERNIS E O E
PARTE DOMUM CLARO STATUIT FUNDAMINE CONDENS
IN MELIUS RELIQUÆ ETIAM SI NOSCERE QUÆRAS
COMPTA SALUTIFERIS QUIBUS INSUNT DINDIMA JUSSIS.

On lit à la page 265 : On recherche dans toutes les communes du département les signes de l'ancien gouvernement qui sont détruits et brûlés publiquement.

1819. Statistique du canton de Ville-sur-Tourbe, par M. Hubert, médecin à Somme-Suippe. Cet auteur estimable a publié une lettre très-remarquable dans l'annuaire de la Marne de 1811, contre les empiriques et les charlatans qui surprennent la bonne foi publique.

Flore médicale du département de la Marne, par Géruzez, avec la propriété des plantes.

A la page 267, on trouve une description abrégée historique et statistique de la ville de Sézanne.

L'auteur de la statistique de Ville-sur-Tourbe fait naître Charles Collé, auteur dramatique, à Cernay-en-Dormois ; on sait qu'il est né à Paris. M. A. Jal, dans son *Dictionnaire critique*, a publié son acte de naissance.

1821. Cet annuaire est particulièrement précieux pour le propriétaire d'abeilles ; une notice très-substantielle précède le calendrier, et chaque mois contient une instruction particulière pour l'éducation des abeilles et les soins dont elles sont susceptibles à chaque époque de l'année. — Topographie statistique et historique du canton de Châtillon-sur-Marne, qui se continue dans l'année 1822 (par M. P.-L. Remy, chirurgien à Châtillon-sur-Marne.)

1822. Essai sur la statistique du canton de Sompuis, par M. Chalette. — Mission de Reims en 1821, page 263. — A la page 277 on trouve une très-bonne description de l'église Notre-Dame de l'Epine, par M. Povillon-Piérard ; plus loin l'inauguration de l'obélisque érigé à Valmy en l'honneur de Kellermann, et la découverte de 12,000 médailles antiques à Trigny (Marne.)

1823. Tableau statistique du canton d'Ecury-sur-Coole (Marne).—Page 240, description d'un vase nommé *gultus* chez les anciens, et connu dans le cabinet du duc de Brunswick, dont il fait partie, sous le nom de *vase de Mantoue*. Un poème élégiaque sur la mort prématurée de deux époux chéris, morts le même jour et enterrés dans le même tombeau, par Corda. — Un petit poème, *Les Musardes*, par M. Lemoyne de Villarsy, dont nous avons déjà parlé à l'article de la feuille villageoise.

1824 et 1825. Essai sur la statistique du canton de Fismes, par M. Chalette. A la page 259 de l'année 1824, on trouve une notice de M. Jeandeau sur les cendrières de Trépail.

L'année 1825 donne la relation de l'entrée de Mgr de Prilly, évêque de Châlons, dans sa ville épiscopale.

1826. Tableau historique et statistique de la montagne, de l'ancienne abbaye et du village de Saint-Thierry, par Povillon-Piérard. A la page 201 et suivantes on lit une relation du sacre de S. M. Charles X.

1827. Notice sur le canton de Montmort par M. Chalette.—Tableau historique et statistique de la montagne et du village de Brimont, par M. Povillon-Piérard. Les notes données par l'auteur sur les anciens tombeaux, médailles et autres objets, prouvent que pour cette époque M. Povillon-Piérard était un archéologue distingué.

1828. Tableau historique, statistique et topographique de la montagne de Saint-Lié et des villages de Ville-dommange et Sacy, par Povillon-Piérard.—Notice nécrologique sur l'abbé Becquey, vicaire général du diocèse de Châlons, et sur M. de Gauville. La notice sur M. l'abbé Becquey est de M. Gobet-Boisselle. Elle fut vivement critiquée; le *Journal de la Marne* et *l'Ami de la religion* s'occupèrent à l'époque de la critique et de la justification.

1829. Statistique des communes dépendantes des trois cantons de Reims, par Lacatte-Joltrois.

1830-1831. Statistique du canton de Verzy, par le même.

1832. Essai chronologique et statistique du canton de Châlons, par Chalette.

1833. Suite de la statistique du canton de Châlons.—Notice sur le choléra-morbus observé à Châlons en 1832, par M. Salle, docteur en médecine.

**1834.** Topographie du canton de Dommartin-sur-Yèvre, par M. Hubert, chirurgien à Somme-Suippe. Dissertation sur un aqueduc construit par les Romains, découvert depuis quelques années sur le territoire des communes de Prunay, Vuez, Prosnes, etc., par Lacatte-Joltrois. Notice biographique sur J.-B. Deperthes, artiste peintre et auteur de la *Théorie et histoire de l'art du paysage.*

**1835.** Notice biographique sur le général baron Abbé, par M. Jules Garinet. — Flore départementale, plantes trouvées dans les environs de Reims, par M. E. Saubinet.

**1836.** Statistique du canton d'Ay, par M. Chalette. — Notice géologique sur le département de la Marne, par M. Drouet fils. — Notice historique sur des vestiges d'anciens bains découverts dans les murs et hors des murs de la cité de Reims ; à la page 332 et suivantes se trouve une critique de M. Povillon-Piérard sur la dissertation de l'aqueduc romain découvert à Prosne, et insérée dans l'*Annuaire* de 1834. On trouve une réponse à cette dernière critique dans l'*Annuaire* de 1837, page 335 et suivantes.

**1837.** Deuxième partie de la statistique du canton d'Ay, par M. Chalette. — Une notice curieuse sur Caroline Wuiet de Méonides, pensionnaire de la reine Marie-Antoinette, par Lacatte-Joltrois. L'auteur y a joint la belle romance intitulée : *La pauvre Créole d'Artibonite.*

**1838.** Statistique du canton de Bourgogne, par M. Chalette. — Suite de la Flore départementale par M. Saubinet aîné. — Notice biographique sur M. Nicolas Perseval, artiste peintre, né à Chamery (Marne), mort à Reims.

1839. Suite de la statistique du canton de Bourgogne. — Notice sur l'abbaye de Notre-Dame de Vertus, par M. de Maupassant. A la page 316, description des objets antiques, médailles, etc., découverts dans diverses communes du département de la Marne.

1840. Statistique du canton de Beine, par M. Chalette. — Notice sur l'abbaye de Saint-Sauveur de Vertus, par M. de Maupassant. — Numismatographie ou détail numismatographique adressé à la Société d'agriculture de la Marne, par le chevalier Bonnart, avec planche. Cet auteur a laissé des mémoires les plus divertissants au point de vue grotesque, qu'il a intitulés pompeusement : *Mémoires de Médard Bonnart*, avec portraits. 2 vol. in-8°.

1841. Statistique agricole de l'arrondissement de Châlons-sur-Marne, par M. Chalette père. — Statistique du canton de Vitry-le-François, par M. l'abbé Boitel. — Notices sur trois antiquaires rémois, par M. Lacatte-Joltrois. (Grassière, S.-G. Lucas et Firmin Cliquot.)

1842. Suite de la statistique du canton de Vitry-le-François, par M. l'abbé Boitel.—Statistique agricole de l'arrondissement de Sainte-Ménehould, par M. Chalette père.—Suite de la Flore départementale par M. Saubinet aîné.

1843. Suite de la statistique agricole de l'arrondissement de Sainte-Ménehould, par M. Chalette père.—Notes archéologiques par M. Liénard sur plusieurs églises du département de la Marne.

1844. Notice historique sur Sainte-Ménehould, par M. Disant, sous-préfet de cette ville. C'est un plagiat fait dans l'histoire de Sainte-Ménehould de Buirette.

1845. Cette année, l'*Annuaire* contient un agenda municipal, qui enseigne au maire et à ses conseillers ce qu'ils ont à faire chaque mois de l'année pour la bonne gérance de la commune ; c'est un travail bien fait pour l'époque et qui pourrait encore de nos jours avoir son utilité.—Tableau représentant la dédicace de l'église cathédrale de Châlons-sur-Marne, par le pape Eugène III, le 3ᵉ jour des calendes de novembre (26 octobre 1147). L'original qui se trouve à la cathédrale est en partie détruit par le temps ; heureusement qu'une belle copie a été faite par M. Liénard, peintre distingué, et se trouve actuellement dans la belle collection de M. Jules Garinet, à Châlons-sur-Marne. — Esquisses statistiques et historiques par commune sur le canton de Montmirail. — Note sur M. Royer-Collard, né à Sompuis (Marne), article signé R. L.

1847. — Recherches historiques, archéologiques et statistiques sur Esternay et son château, par M. l'abbé Boitel. — Notes archéologiques sur plusieurs communes du département. — Notice biographique sur M. Povillon-Piérard, par son rival en archéologie, M. Lacatte-Joltrois. — Notice sur Jean-Nicolas Loriquet, jésuite, né à Epernay, auteur de la fameuse *Histoire de France* dont la censure impériale avait arrêté l'impression en 1814 et qui ne parut alors qu'en 1816.

1848-49. Suite des recherches historiques sur Esternay et son château.—Châlons-sur-Marne, coup d'œil sur son histoire ancienne, sur ses églises et sur celles des alentours, par Moët de la Forte-Maison. — Recherches sur l'histoire chronologique des évêques de Châlons-sur-Marne, par Povillon-Piérard.

A partir de l'année 1850, les *Annuaires de la Marne* étant très-communs dans le commerce, nous ne pousserons donc pas plus loin l'analyse de leur contenu; nous ne les recommandons pas moins aux curieux et aux travailleurs comme une source précieuse à consulter pour l'histoire du département de la Marne, et c'est pour en faire sentir l'importance que nous en avons extrait cette longue nomenclature d'ouvrages *dans tous les genres*, publiés en partie par les hommes les plus distingués dans les arts, dans les lettres et dans les sciences, et originaires pour la plupart de notre vieille Champagne.

Avant la publication de l'*Annuaire de la Marne*, Boniez avait déjà publié : *Calendrier pour l'an* vi *de la République*, in-24. Ce petit livret, fort rare, qu'on trouve quelquefois relié en maroquin, contient quelques chansons en vogue et le tableau des assignats pour la dépréciation et variation du papier-monnaie.

1807. L'*Incroyable, Almanach des Curieux*, petit livre fort intéressant, contenant les principales prédictions de Michel Nostradamus et du *Mirabilis Liber* sur notre révolution et sur la suite qu'elle doit avoir. Châlons, Martin, in-16 de 95 pages, un instant arrêté dans sa publication par la police impériale qui croyait y voir certaines allusions politiques, il put enfin paraître mais non colporté.

1808. *Almanach Champenois* ou *Feuille Villageoise*, destiné aux cultivateurs du département de la Marne. Châlons-sur-Marne, veuve Boniez, de 1808 à 1812 inclus. Grand in-8 carré, titre gravé; les cinq années sont difficiles à réunir.

Cet almanach, vraiment instructif et qui eut une certaine réputation, fut rédigé par M. Lemoyne de Villarsy, peintre de mérite et agronome distingué. La première année, 1808, contient une grande figure sur bois qui représente la délivrance de 70 mineurs, après une explosion de feu grisou. Dans celui de 1809, on trouve une lettre de l'*Almanach Champenois* à M. Sylvestre sur le fameux proverbe *Quatre-vingt-dix-neuf moutons et un Champenois*, pour tenir lieu de préface. M. de Villarsy, né à Châlons-sur-Marne, avait été président du canton de Suippes à la révolution.

*Calendrier de Vitry-sur-Marne pour* 1811, une feuille in-4 en placard, avec les renseignements pour la poste, le départ des diligences, pataches, vélocifères, etc., foires, marchés. Ce calendrier, fondé par Seneuze, à la révolution, fut continué par ses successeurs.

Nous avons eu l'*Almanach de Vitry-le-François pour* 1869, in-18. Il parut encore l'année suivante, imprimé chez Saillard, à Bar-sur-Seine. Les articles, signés Ch. Bertho, sont presque tous particuliers à Vitry. A la page 116, on lit: *Visite au Camp de Châlons*, ou impressions de voyage de Cadet Lubrique, de Cheminon, et de Collin Jeannot, de Sermaize, dialogue amusant en patois du pays.

En 1871, M. Bitsch fit paraître les *Tablettes de la ville et de l'arrondissement de Vitry-le-François*, publication sans intérêt et qui n'eut pas de suite.

Dans l'ouvrage intitulé : *Un Bibliophile châlonnais au* XIX*ᵉ siècle*, Châlons-sur-Marne, 1878, in-8, nous lisons à la page 13 : Les années 1832 et 1833 virent paraître un *Almanach de la Marne*, édité à Châlons, chez Boniez, et presque exclusivement rédigé par M. Jules Garinet, sous les initiales J. G. L'auteur voulait dans cet almanach, du format du *Messager boîteux*, réagir contre la tendance des almanachs liégeois et autres, à entretenir dans le peuple certaines erreurs et préjugés populaires qui sont une offense à la raison humaine. Au lieu des pronostics du temps, des prédictions idiotes de Nostradamus ou de Joseph Moult, il voulait apprendre aux lecteurs d'almanachs l'hygiène ou l'art de conserver sa santé; donner à l'habitant des campagnes des notions utiles d'économie rurale et domestique; enseigner le système métrique comparé aux anciennes mesures encore en usage alors, et qui variaient d'un village à l'autre. Toutes ces réformes utiles ne plurent pas aux amateurs de prédictions et de calembourgs; l'almanach de Mathieu Laensberg fut préféré à l'almanach de la Marne, et celui-ci cessa de paraître.

*Almanach historique, géographique, topographique et statistique de la Marne*, par Adolphe Guérard, licencié ès-lettres, maître de pension à Avize (Marne), 1855 à 1861 inclus, 7 vol. in-18 avec carte. Petite collection précieuse au point de vue historique; nous croyons que cette publication intéressante n'a pas eu tout le succès qu'elle méritait. Savante et fort bien rédigée sous tous les rapports, elle fait connaître dans tous les détails l'histoire des communes du département; on y trouve des documents inédits ou peu connus sur l'histoire de la Champagne, les anciennes coutumes, etc. Les anecdotes historiques y sont gracieusement mêlées aux pièces de vers dues en partie à des auteurs champenois. On y trouve l'ode latine de Coffin sur le vin de Champagne, traduite en vers français par le comte de Chevigné, l'auteur charmant des *Contes Rémois*; la Vierge aux joujoux, la Vierge au sabot de Noël, par M<sup>me</sup> Guérard, auteur de la *Corbeille de l'Enfance*; Noël et Mardi-Gras, en patois de Moiremont, près de Sainte-Ménehould, par un poëte du pays, avec la traduction en regard (1861). Enfin l'auteur ne négligeait rien pour rendre son almanach intéressant. Voici ce qu'il publiait à la dernière page de l'année 1857 ; nous ne savons si son appel a été entendu :

### AVIS A TOUS.

« M. Ad. Guérard désire donner, pour 1858, un développement aussi large, aussi vrai et aussi intéressant que possible à son travail de cette année sur le département de la Marne.

» En conséquence, il prie toutes les personnes qui auraient quelques notes, quelques observations, quelques curiosités sur les localités qu'elles habitent ou sur quelque endroit du département, de vouloir bien les lui confier, en les lui adressant *franco* à Avize (Marne).

» Dans sa prochaine publication (ce volume étant le premier d'une série qui complétera successivement le travail sur les cinq arrondissements de la Marne), il leur en adressera ses remerciements et leur en témoignera toute sa reconnaissance, tant en son nom qu'au nom du pays. »

M. Laurent, successeur de Boniez-Lambert, publia à Châlons *Le Champenois*, almanach anecdotique, pittoresque, statistique, satirique et comique, in-16 avec 4 cartes, publication qui n'eut aucun succès (1862, 1863), n'étant ni satirique, ni pittoresque, ni statistique, ni comique.

Nous terminerons l'article sur les almanachs de la Marne par l'*Almanach-Annuaire historique, administratif et commercial de la Marne, de l'Aisne et des Ardennes*, publié à Reims par Matot-Braine. L'éditeur eut le bon esprit de confier les articles de fonds sur l'histoire et la biographie à des érudits et à des bibliophiles du pays, qui par leurs recherches intéressantes ont assuré le succès de cette importante et très-utile publication arrivée aujourd'hui à sa vingt-deuxième année d'existence, et devenue par ses rédacteurs le complément indispensable de l'*Annuaire du département de la Marne*, qui semble avoir, dans ces dernières années sensiblement réduit sa partie historique.

# ARDENNES.

Quoique l'imprimerie ait été introduite dans les Ardennes en 1565, il faut arriver à l'année 1767 pour trouver trace d'un almanach, et encore est-il pour ainsi dire étranger aux Ardennes, puisque son titre porte la rubrique de Goa. Imprimé à Bouillon par Pierre Rousseau, il est intitulé : Almanach philosophique en quatre parties, suivant la division de l'espèce humaine en quatre classes, etc., etc. A Goa, chez l'imprimeur du grand inquisiteur, à l'Auto-da-fé, rue des Foux, 1767, in-12; ouvrage intéressant et très-curieux, attribué d'abord à Voltaire, mais il fut restitué à son véritable auteur, de Castilhon, par Bachaumont, dans ses Nouvelles de la République des lettres. On sait que Bouillon faisait partie de la souveraineté de Sedan avant 1789.

Le premier almanach venu à notre connaissance a été publié pendant la Révolution, il a pour titre *Almanach historique, civil, ecclésiastique, militaire et topographique du département des Ardennes* pour l'année 1791. Charleville, Raucourt, in-24. Nous ignorons s'il a été continué.

Vient ensuite l'Annuaire du département des Ardennes. Mézières, imprimerie du département, in-12, publié pour l'an VIII, 1811, 1818, 1824, 1825, 1826, 1828, 1829, 1830. L'année 1811 porte : Etrennes départementales ou annuaires, etc., etc. Sa continuation a été publiée par Ryembault jeune. 1832 à 1847, seize années.

Le petit Almanach des Ardennes contenait les noms, situations, limites, aspect du pays. Sedan, Suhoux, 1835 à 1837, trois années.

Le double almanach journalier de Sedan. Bauduin, in-32. Ce petit opuscule intéressant s'est continué depuis 1813 ; après 1850, le mot journalier disparaît du titre.

*Almanach commercial de Sedan*, contenant l'indication par ordre alphabétique, les professions, noms et domiciles de tous les commerçants de l'arrondissement, avec une carte indispensable, par A. Villain. Sedan, Laroche-Jacob, 1845, in-18; administratif quoique le titre ne l'indique pas.

*Almanach général du commerce de Sedan et de son arrondissement*, par Deslandes-Lambert, 1846. A Sedan, chez l'auteur, in-12.

*Grand Almanach populaire des Ardennes*, 1851-1855 (5 années). Paris, Pillet fils aîné, in-16.

C'est un almanach auquel on ajoute pour chaque département une feuille et un titre particuliers.

*Almanach de Rethel et de son arrondissement* pour 1855. Rethel, Torchet, in-12. Publication qui s'est continuée.

*Almanach historique, géographique et statistique des Ardennes* pour 1856, avec une belle carte du département; ouvrage dédié aux habitants des Ardennes et à tous ceux auxquels la Champagne est chère, par A.

Guérard. Paris, librairie des villes et des campagnes, in-16. C'est un almanach omnibus dont nous avons parlé à l'article du département de la Marne.

# HAUTE-MARNE.

Le département de la Haute-Marne a fourni très-peu d'almanachs, cependant de tout temps des bibliophiles distingués ont essayé de donner une suite aux travaux historiques publiés dans l'annuaire de l'an XII par MM. les abbés Mathieu et Rieusset.

Nous ne donnerons ici que les titres des principales publications, car MM. J. Carnandet et Hesse ayant publié en 1861 un travail curieux et bien fait sur les périodiques de la Haute-Marne, nous renvoyons à cet ouvrage les personnes qui voudraient avoir de plus amples renseignements; n'ayant été tiré qu'à soixante-dix exemplaires, ces recherches sur les périodiques sont devenues très-rares, et il est regrettable qu'elles n'aient pas eu plus de publicité.

Le premier livre imprimé dans la Haute-Marne est un calendrier fort curieux et fort rare, il a pour titre : Compot et manuel kalendrier : par lequel toutes personnes peuvent facilement apprêdre et savoir le cours du soleil et de la lune..., en suyvant la correction ordonnée par nostre sainct père Grégoire XIII, composé par T., imprimé à Lengres, par Jehan des Preys, le 10ᵉ jour de décembre, l'an de la correction du kalendrier, 1582. In-4° de 32 feuillets non chiffrés, titre en lettres rondes, texte gothique, épistre en italique. Ce livre curieux est de Jean Tabourot, qui l'a publié sous le pseudonyme de Thoinot-Arbeau.

Près de deux cents ans séparent cette première publication de la seconde intitulée : Almanach historique de la ville et du diocèse de Langres pour 1787, in-8°.

*Almanach du département de la Haute-Marne pour l'an XII de la République,* imprimé par ordre du préfet, Chaumont, veuve Bouchard, in-8°, rédigé comme nous l'avons dit par l'abbé Mathieu et l'abbé Rieusset, chanoine et secrétaire du Préfet. On y trouve des notices succinctes sur Chaumont, Bourmont, Wassy, Joinville, Saint-Dizier, Langres, Bourbonne ; un abrégé chronologique de l'histoire des évêques de Langres, et une biographie des hommes du département de la Haute-Marne, dont quelques exemplaires ont été tirés à part. Cet annuaire fut continué pour les années 1806, 1808 et 1811, quatre années.

*Almanach double journalier.* Joinville, Laurent-Rousseau, 1820 à 1830, in-24 (peut-être plus tard.)

*Almanach spécial des foires du département de la Haute-Marne,* composé d'après des documents authentiques pour l'année 1828, 1° les communes avec leur distance légale ; 2° le nombre des foires qui y sont établies, par J.-B. Noellat (1ʳᵉ année et unique). Dijon, chez l'auteur, in-12.

*Almanach pour* 1829. Langres, Dejussieux, 2 feuilles in-1². (A paru également en 1839.)

*Annuaire du département de la Haute-Marne pour* 1836. A Chaumont, chez Cusset, in-12.

Cette nouvelle série, dit M. Carnandet, a été entreprise par M. Vallet, archiviste du département, et qui l'a continuée pour les années 1837, 1838, 1839, 1841, 1842, 1844, 1846 et 1852. Huit vol. in-8 et 1 vol. in-12.

*Annuaire ecclésiastique et historique du diocèse de Langres,* publié, sous le patronage de l'évêque, par MM. P. Péchinet et J.-C. Mongin. Langres, Dejussieux, 1838 et 1839, deux années contenant des articles très-intéressants pour le département de la Haute-Marne.

*Agenda de la Côte-d'Or, de Saône-et-Loire et de la Haute-Marne,* 1846 et années suivantes, in-12. Cette publication paraissait encore en 1864.

*Grand almanach populaire de la Haute-Marne.* Paris, Pillet fils, 1851 à 1855 inclus. Almanach omnibus avec une couverture et des appendices spéciaux à chaque département.

*Almanach populaire de la Haute-Marne pour* 1852, composé spécialement pour le département, orné d'une carte et de plusieurs vues de la Haute-Marne. Paris, imprimerie de Schneider, in-18 de 184 pages, publication semi-politique, préconisant le gouvernement impérial qui alors s'inaugurait en France.

*Almanach du Progrès de la Haute-Marne,* pour l'année 1856, publié sous la direction de M. A. Athenas, rédacteur en chef du journal *Le Progrès.* Vassy, chez

Mongin-Dallemagne. Cette publication n'ayant eu aucun succès l'année suivante, il fut offert en prime aux abonnés du journal *Le Progrès de la Haute-Marne.*

*Annuaire statistique, administratif, etc., etc. du département de la Haute-Marne pour les années 1853-54,* par C.-P.-Marie Haas, chef de division à la préfecture. Chaumont, Cavaniol, grand in-8 de 380 pages, avec une carte géologique du département. Cet annuaire a reparu pour les années 1855-56, grand in-8 de 450 pages. On y a inséré une courte notice archéologique sur le département.

*Annuaire administratif, statistique et commercial du département de la Haute-Marne pour 1857,* par J. Carnandet. Chaumont, Cavaniol, 1857, in-12 de 312 pages. C'est un progrès, dit l'auteur, car il s'est continué et le département de la Haute-Marne n'a pas été très-bien partagé pour les annuaires, puisque depuis 1787 jusqu'en 1868, on n'en compte que trente années, et souvent il faut recourir à celui de la Côte-d'Or pour combler certaines lacunes.

# VILLE DE SENS

## ET BRIE CHAMPENOISE.

Nous croyons devoir faire entrer dans nos recherches les villes de Sens, Provins et Meaux qui autrefois faisaient partie de la Champagne. Du reste, ces deux dernières villes, quoique ayant deux territoires distincts, ont été de tout temps réunies au même comté, puisque l'abbé Lebœuf, dans ses dissertations, t. 1er, page 90, dit positivement que suivant une charte du roi Thierry, de l'an 690, et d'autres pièces anciennes qui constatent que Briegium et territorium Meldicum étaient identiques.

Nous commençons la description des almanachs de cette partie de la Champagne par la ville de Sens :

*Almanach historique Sénonais* contenant ce qui concerne l'Archevêché, le Chapitre, les Cures de la ville et faubourgs. Sens, A. Jannot, 1757, in-24.

*Almanach historique de la ville de Sens*, augmenté et corrigé pour l'année 1758. Sens, Pelée-Devarennes, in-24.

*Almanach historique du diocèse de Sens* (1759-1775). Sens, Pelée-Devarennes, 17 volumes in-24.

*Almanach historique de la ville, diocèse et baillage de Sens*. Sens, P.-H. Tarbé (1776-1790), 15 volumes in-24.

*Almanach de la ville de Sens,* siége de l'évêché du département de l'Yonne (1791-1793), 3 volumes in-24.

*Almanach républicain de la commune de Sens et du département de l'Yonne* (ans ii et iii). Sens, veuve Tarbé et fils, 2 volumes in-24.

Le même de l'an IX à l'an XIV, 6 volumes in-24.

*Almanach du département de l'Yonne,* contenant la statistique de ce département, de l'an x à 1806, 5 vol. in-24.

*Almanach de l'Yonne et de la ville de Sens.* Sens, T. Tarbé, de 1809 à 1844, trente-quatre années, in-24.

Cette collection curieuse formant quatre-vingt quatre volumes est très-difficile à réunir, les cinquante premières années surtout présentent un grand intérêt au point de vue historique pour la plupart des communes du département de l'Yonne.

*Almanach historique du diocèse de Meaux* (1773-1789). Paris, Lambert, et Meaux, veuve Charles et fils, 1773 et années suivantes, 17 volumes in-18.

Comme cet almanach n'a pas paru en 1776, la collection ne comprend que 16 volumes. Rédigé par l'abbé Fontaine, curé de Tril-Bardoul, publication remplie de recherches curieuses sur le diocèse de Meaux. Celui de 1773 renferme une description de la ville et de la cathérale de Meaux, le siège qu'a soutenu cette ville, le catalogue de ses évêques et le temps de leur élection. Celui de 1774 contient des anecdotes sur l'abbaye de Saint-Faron, les anciens baillifs de Meaux, l'établissement de l'arquebuse et des recherches sur la ville de Coulommiers.

En 1775 l'étymologie du nom de Brie et de Multin, leurs bornes et leur étendue, des remarques historiques sur les villes de Crécy et Rosoy, la cause célèbre de M. de Poilly, jugée par l'officialité de Meaux ; en 1777, les antiquités de la ville de Meaux, les noms anciens et nouveaux des places, carrefours et rues de la ville et de ses faubourgs ; en 1778, les noms des seigneurs et dames de Coulommiers, depuis les comtes de Champagne et de Brie, jusqu'à ce jour (1778).

L'almanach de 1779, contient un extrait du journal du prix provincial de l'arquebuse, tiré au mois de septembre 1778, et une chanson des arquebusiers de Saint-Quentin (Aisne). Dans celui de 1780 on lit le détail de la cérémonie de l'intronisation de Monseigneur Polignac, évêque de Meaux ; la description des paroisses du duché de Gesvres, avec la généalogie des ducs de ce nom, la relation de la fête donnée à M. le duc de Penthièvre lorsqu'il fit son entrée à Crécy, et qu'il posa la première pierre de l'église paroissiale et collégiale de cette ville.

En 1781 on donne la description d'une fête célébrée à l'occasion de la translation des reliques de saint Thibaut, et une anecdote sur le passage du fameux Mesmer à Meaux ; en 1782 plusieurs anecdotes intéressantes tirées de plusieurs manuscrits de la bibliothèque de Saint-Faron ; en 1783 la nomenclature des bénéfices simples du diocèse et la description d'un monument élevé à M. Desnoyers, curé de Coulommiers ; enfin, en 1784 on trouve un projet pour l'établissement à Meaux d'une société académique, des notices historiques sur plusieurs abbayes, entre autres sur celle de Saint-Faron qui renfermait plus de quinze mille volumes et un grand nombre de manuscrits précieux.

*Almanach du département de Seine-et-Marne et des cinq districts qui le composent, Meaux, Melun, Nemours, Provins et Rosoy,* pour l'année bissextile 1792. Melun, Tarbé, in-12.

Cet almanach qui s'est continué, a pris en 1824 le titre d'Annuaire.

*Almanach topographique et littéraire de la ville de Provins,* in-12 (1780-1792). Nous ne connaissons pas de visu cette dernière collection qui se trouve indiquée dans la Bibliographie de la France, par Girault-de Saint-Fargeau.

Ici s'arrêtent nos recherches sur les almanachs de la Champagne, et nous sommes loin d'avoir épuisé le sujet ; notre but a été d'appeler l'attention des bibliophiles sur un genre de collection qui semble avoir été trop négligé de nos jours au point de vue historique.

# TABLE DES MATIÈRES

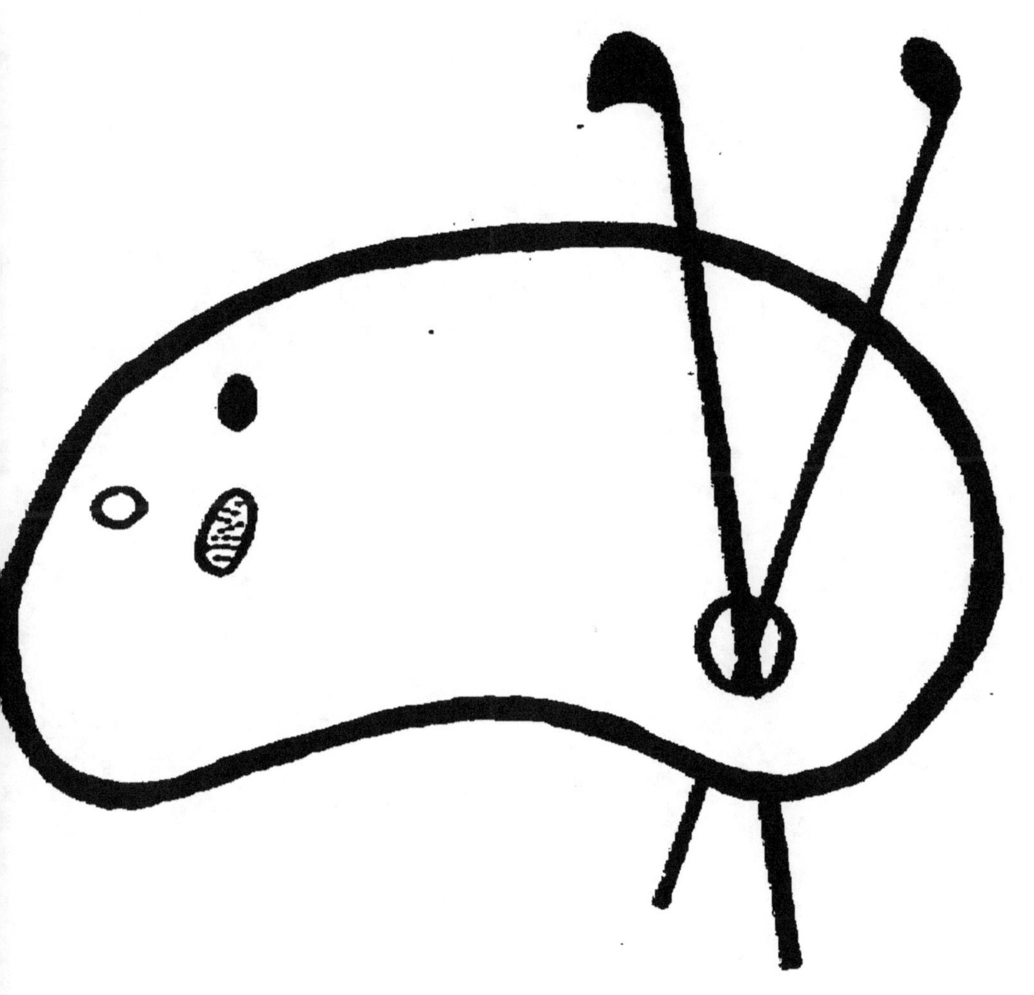

ORIGINAL EN COULEUR
NF Z 43-120-8

www.ingramcontent.com/pod-product-compliance
Lightning Source LLC
Chambersburg PA
CBHW071402030726
47594CB00002B/816